57, rue Gaston Tessier, CS 50061, 75166 Paris Cedex 19
www.fleuruseditions.com
Direction : Guillaume Pô
Direction éditoriale : Sarah Malherbe
Édition : Sélène Chateau
Conception graphique et mise en pages : Charlotte Thomas
Suivi graphique : Ambrine Angaud
Direction de fabrication : Thierry Dubus
Fabrication : Florence Bellot
Crédits iconographiques : Shutterstock

Loi n° 49-956 du 16 juillet 1949 sur les publications destinées à la jeunesse,
modifiée par la loi n° 2011-525 du 17 mai 2011.
Dépôt légal : février 2023
1ère édition – N° d'édition : J23008
ISBN : 978-2-2151-8330-3 • MDS : FS83303
Achevé d'imprimer en janvier 2023 en Europe (par Egedsa en Espagne)

PEFC
PEFC/14-38-00200
Certifié PEFC
Ce produit est issu de forêts gérées durablement et de sources contrôlées
www.pefc-france.org

ZOOM!

BÉNÉDICTE RIVIÈRE

LES DINOSAURES

FLEURUS

C'EST QUOI UN DINOSAURE ?

DE TERRIBLES LÉZARDS

Les dinosaures possèdent quatre pattes, une queue et une peau épaisse, ils ressemblent à des lézards géants. D'ailleurs le mot « dinosaure » a été formé à partir des deux mots grecs *deinos* « terrible » et *sauros* « lézard ». Et oui, ces bêtes étaient vraiment terrifiantes !

ATTENTION : LES LÉZARDS NE SONT PAS DES DINOSAURES !

Mais ce sont des reptiles. La grande différence entre les reptiles et les dinosaures c'est que les reptiles ont 4 pattes sur le côté, alors que les dinosaures, eux, les ont sous leurs corps.

RECORDS BATTUS

Les dinosaures sont les plus grands, les plus rapides et les plus féroces des animaux qui ont jamais existé. À côté d'eux, les lions sont de vrais agneaux !

IL Y A TRÈS... LONGTEMPS !

Ces grands animaux sont apparus il y a 230 millions d'années et dominaient le monde. Mais il y a 66 millions d'années, ils ont totalement disparu. On l'a échappé belle ! Si cela n'avait pas été le cas, nous, les êtres humains, n'aurions certainement jamais existé.

UNE GRANDE FAMILLE DE PLUS DE 700 ESPÈCES !

CHACUN SA TAILLE ET SA CORPULENCE

Certains étaient minuscules et légers, plus petits qu'un chat, ou au contraire de vrais géants qui mesuraient plus de 50 mètres de long et pesaient des tonnes ! En comparaison, les baleines sont des poids plumes, c'est pour dire !

CHACUN SA FAÇON DE SE DÉPLACER

Il y avait des dinosaures qui marchaient sur deux pattes comme les poulets, certains sur quatre pattes comme les éléphants, et d'autres qui volaient comme les oiseaux.

CHACUN SON RÉGIME ALIMENTAIRE

Ils pouvaient ne manger que de la viande (carnivores), comme les loups, ou bien n'aimer que les végétaux (végétivores), comme les lapins, ou encore manger de tout (omnivores) comme les cochons... Il y en avait pour tous les goûts !

CHACUN SA FAÇON DE VIVRE

Les dinosaures herbivores étaient souvent très sociables et vivaient en troupeau. Ainsi, ils se protégeaient mutuellement en cas d'attaque de prédateurs. Mais les grands dinosaures carnivores, comme le tyrannosaure, étaient solitaires. Normal, ils ne craignaient personne !

CHACUN SON STYLE

Ils avaient parfois des carapaces ou des plumes, des crêtes sur la tête ou des plaques sur le dos, de grandes dents pointues ou des becs de perroquet. Un vrai carnaval !

COMMENT SAIT-ON QU'ILS ONT EXISTÉ ?

LES FOSSILES

On sait que les dinosaures ont existé grâce à leurs fossiles retrouvés dans le sol. Les fossiles sont les os, les dents, les griffes ou les œufs qui ont été enfouis et qui, au bout de millions d'années, se sont transformés en pierre : ils se sont fossilisés.

LES PALÉONTOLOGUES

Les scientifiques qui étudient les fossiles des dinosaures sont des paléontologues. Le mot paléontologue a été créé à partir de trois mots grecs : *paléo* qui signifie « ancien », *onto* « vie » et *logie* « étude ». Le paléontologue est donc celui qui étudie la vie ancienne.

LE SAVAIS-TU ?

La première espèce de dinosaure à avoir été identifiée est l'*iguanodon*, par Gideon Mantell en 1822. C'était un grand dinosaure avec un bec et des pouces pointus comme des poignards. Malheur à celui qui tombait entre ses griffes !

DRAGONS... OU PAS ?

Les Chinois connaissent les os de dinosaures depuis des millénaires. Mais à l'époque, ils ont pensé qu'il s'agissait d'os de dragon. Mais les dragons sont des créatures imaginaires alors que les dinosaures, eux, ont bel et bien existé !

LE RÉSULTAT D'UNE LONGUE ÉVOLUTION

LA VIE AQUATIQUE

Quand la Terre s'est formée, aucune forme de vie n'existait. Celle-ci est apparue plus tard, il y a environ 3, 5 milliards d'années, dans la mer. D'abord sous forme d'algues, puis de minuscules organismes sous-marins, et enfin de poissons.

PUIS LA VIE TERRESTRE

Au fur et à mesure de l'évolution, les poissons sont partis à la conquête de la terre ferme. Ils sont sortis de l'eau, ont développé des pattes, comme les têtards, et se sont diversifiés en de nombreuses espèces d'animaux.

APPARITION DES DINOSAURES

Parmi eux, une espèce de lézards a grandi et s'est diversifiée. C'est ainsi que l'espèce des dinosaures a vu le jour. Et le moins qu'on puisse dire, c'est que certains de ces lézards ont vraiment bien grandi !

LES TOUT PREMIERS DINOSAURES

C'était des petits bipèdes, rapides, carnivores et ovipares, c'est-à-dire qui pondaient des œufs, comme les reptiles. Mais ces gros poulets étaient plutôt agressifs !

COMMENT ÉTAIT LA TERRE AU TEMPS DES DINOSAURES ?

L'ÈRE MÉSOZOÏQUE

C'est ainsi qu'on nomme l'époque où ont vécu les dinosaures. Elle a commencé il y a 250 millions d'années et s'est terminée il y a 66 millions d'années. Elle se divise en trois périodes : le Trias, le Crétacé et le Jurassique.

CLIMAT

Le climat était plutôt chaud et humide près de la mer, mais très sec dans les terres où il faisait très chaud en été et froid en hiver. Il y avait de grands déserts et des régions broussailleuses arides où on trouvait des fougères, des conifères et des plantes aujourd'hui disparues.

FORMATION DES CONTINENTS

La Terre était alors en pleine mutation. Imagine un peu : six continents se sont formés entre l'apparition des dinosaures et leur disparition. Sacrée transformation, non ?

LES DINOSAURES N'ÉTAIENT PAS SEULS

D'autres animaux ont cohabité avec les dinosaures : des petits mammifères, des amphibiens, des insectes, d'autres reptiles. Sans oublier toutes les créatures aquatiques... Une vraie ménagerie !

LES PREMIERS DINOSAURES

PÉRIODE DU TRIAS

L'ère des dinosaures commença pendant la période du Trias, la première période de l'ère mésozoïque, qui va de 251 à 200 millions d'années.

UN SEUL CONTINENT, LA PANGÉE

Le monde était alors très différent d'aujourd'hui. Il n'y avait qu'un seul continent géant, que l'on appelle la *Pangée*. Les dinosaures pouvaient se déplacer partout sans se mouiller les pattes !

DES MINI REPTILES...

Les premiers dinosaures étaient de mini reptiles carnivores qui couraient sur leurs pattes arrière. De vrais petits bolides de moins de dix kilos !

...AUX GÉANTS HERBIVORES

Ces petits dinosaures se sont répandus dans le monde entier et se sont diversifiés. Certains ont grandi, et même beaucoup grandi, jusqu'à faire la taille d'un immeuble de 6 étages !

L'APOGÉE DES DINOSAURES

PÉRIODE DU JURASSIQUE

La deuxième période de l'ère mésozoïque est le Jurassique, qui a commencé il y a 200 millions d'années et s'est terminée il y a 145 millions d'années.

DEUX CONTINENTS

Au cours du Jurassique, la Terre se fracture, une partie de la Pangée se détache et forme un nouveau continent. La Terre compte alors deux continents qui sont appelés Laurasie et Gondwana (ancienne Pangée).

LES DINOSAURES SE DIVERSIFIENT ENCORE

Les dinosaures évoluent, certains disparaissent, d'autres apparaissent. Maintenant, certains ont des cornes, des collerettes osseuses, des becs et d'autres se mettent à voler. Le monde leur appartient !

LE PLUS LONG

Le plus long dinosaure de l'époque est le diplodocus. Son nom signifie « double poutre ». Il est végétivore et peut faire près de 30 mètres de long, l'équivalent de 3 autobus.

UN DUR À CUIRE

Le stégosaure mesure 7 à 9 mètres de long, fait 4 mètres de haut et, le moins qu'on puisse dire, c'est qu'il a la peau dure ! En effet, il est couvert de plaques sur le dos. D'ailleurs son nom signifie « reptile à toit ». Original, non ?

LA FIN DES DINOSAURES

PÉRIODE DU CRÉTACÉ

La dernière période de l'ère mésozoïque est le Crétacé, qui a commencé il y a 145 millions d'années et s'est terminé il y a 66 millions d'années, lorsque les dinosaures ont disparu.

FORMATION DES 6 CONTINENTS

Au cours du Crétacé, la Laurasie se divise en deux pour former l'Eurasie et l'Amérique du Nord. Quant au Gondwana, il se morcelle pour créer quatre continents : l'Australie, l'Amérique du Sud, l'Afrique et l'Antarctique.

APPARITION DES PREMIÈRES FLEURS

À cette période, le monde devient plus frais et plus sec. La végétation change, les premières plantes à fleurs apparaissent et se développent. Cela constitue alors un nouveau type de nourriture.

ÉVOLUTION DES DINOSAURES

Certains dinosaures évoluent pour pouvoir manger ces nouvelles plantes à fleurs, ces nouveaux arbres. Ils deviennent de plus en plus gros et grands, et ont souvent de longs cous pour atteindre le haut des arbres. Pratique !

PLANTES INTELLIGENTES !

Si les dinosaures ont évolué pour pouvoir manger les nouvelles plantes à fleurs, celles-ci aussi ont évolué pour éviter d'être mangées et ont développé des épines ou un goût horrible. Plutôt malin...

COMMENT VIVAIENT LES DINOSAURES ?

ESPÉRANCE DE VIE

Les dinosaures n'avaient pas tous la même espérance de vie. Ceux qui mesuraient moins d'un mètre de haut ne vivaient que 5 à 6 ans, alors que les plus grands pouvaient espérer vivre jusqu'à 70 ans ! C'était la dure loi de la jungle… enfin, celle des dinosaures !

REPRODUCTION

Les dinosaures étaient ovipares : ils creusaient des nids dans le sol pour y pondre leurs œufs. Ils les recouvraient ensuite de terre, de sable ou de branchages. Ainsi, ils étaient bien au chaud !

DE GRANDES FACULTÉS D'ADAPTATION

Pour survivre, les dinosaures ont dû s'adapter à leur environnement. Certains se sont couverts de plaques, d'épines... d'autres au contraire sont devenus plus agiles, plus légers et se sont mis à voler !

CHACUN SON CARACTÈRE ?

Certains dinosaures étaient plutôt solitaires, comme les raptors, qui étaient de redoutables carnivores (dont le plus connu est le tyrannosaure), alors que la plupart des dinosaures herbivores vivaient en troupeau : ne dit-on pas que l'union fait la force ?

COMMENT ONT-ILS DISPARU ?

CHUTE D'ASTÉROÏDE

À la fin du Crétacé, un immense astéroïde percute la Terre. Le choc provoque des tsunamis et des éruptions volcaniques. De plus, à cause de la poussière et des débris provoqués par la collision, la Terre est plongée dans le noir.

DISPARITION DES PLANTES

Suite à ces catastrophes, et sans lumière, les algues et les plantes meurent. Les dinosaures végétivores ne peuvent alors plus se nourrir et finissent par tous mourir de faim.

EXTINCTION DES DINOSAURES

Les dinosaures végétivores ayant disparu, les dinosaures carnivores ne peuvent plus s'alimenter et finissent par disparaître à leur tour. Adieu, les dinosaures !

MAIS LA VIE A CONTINUÉ

Cependant, rassure-toi, tous les animaux ne sont pas morts avec les dinosaures. Certains ont survécu, comme les insectes (libellules, araignées), les reptiles et certains mammifères... Heureusement, sinon nous, les êtres humains, ne serions pas là !

LES DINOSAURES DE TOUS LES RECORDS

LE PLUS RAPIDE / LE PLUS LENT

Le dromiceimimus était le plus rapide. Il était trois fois plus rapide qu'un homme et pouvait atteindre une vitesse de pointe de plus de 70 km/h. Un vrai scooter sur pattes ! À l'inverse, l'ankylosaure était le plus lent et ne dépassait pas les 4 km/h.

LE PLUS INTELLIGENT / LE PLUS BÊTE

Le troodon possédait le plus gros cerveau en comparaison avec sa taille, et était très intelligent. Le stégosaure, au contraire, était celui qui possédait le plus petit cerveau, qui faisait à peine la taille d'une noix.

LE PLUS GRAND / LE PLUS PETIT

L'argentinosaure était le plus grand. Il pesait de 80 à 100 tonnes et mesurait 35 mètres de long ! Tandis que l'anchiornis, lui, ne mesurait que 30 cm.

LE PLUS LONG/LE PLUS HAUT

Le seismosaure était le plus long, il faisait 52 mètres ! Mais le plus haut était le sauroposeidon dont la tête culminait à 18 mètres !

LE SAVAIS-TU ?

Le nom le plus long du monde a été donné à un dinosaure. Il s'agit du Micropachycephalosaurus, qui possède 23 lettres. Presque un alphabet !

LE MONDE EST EN PERPÉTUELLE ÉVOLUTION

LA VIE EST UNE ÉVOLUTION PERMANENTE

Après la disparition des dinosaures, de nouvelles espèces de mammifères, d'oiseaux, de reptiles, de poissons, d'insectes sont apparues. L'évolution a continué et continue toujours. C'est un mouvement permanent.

LE SAVAIS-TU ?

Les oiseaux sont des descendants des dinosaures ! En effet, certains petits dinosaures carnivores ont évolué et se sont transformés. Ils ont acquis des plumes longues et légères, leurs pattes avant se sont changées en ailes et ils sont devenus oiseaux !

QUI SURVIVRA ?

Aujourd'hui, de nombreuses espèces d'animaux et de plantes sont vouées à disparaître, à l'instar des dinosaures. Ceci est dû au réchauffement climatique, à la pollution et à la consommation excessive d'énergie. Peut-être pourrons-nous l'éviter, mais peut-être pas...

COMMENT IMAGINES-TU L'ÊTRE HUMAIN DU FUTUR ?

La vie est un cycle : les espèces vivantes sont en perpétuelle évolution. Alors quelle évolution l'humanité va-t-elle connaître ? Serons-nous plus grands, plus petits ? Avec de très gros cerveaux ? Ou de grands yeux ? À ton avis ?